Max Hoelz

Anklagerede gegen die bürgerliche Gesellschaft

Max Hoelz: Anklagerede gegen die bürgerliche Gesellschaft

Berliner Ausgabe, 2015
Vollständiger, durchgesehener Neusatz bearbeitet und eingerichtet von
Michael Holzinger

Gehalten vor dem Moabiter Sondergericht am 22. Juni 1921 in Berlin,
Nach dem stenografischen Bericht, herausgegeben von Felix Halle, 1921.

Herausgeber der Reihe: Michael Holzinger
Reihengestaltung: Viktor Harvion

Gesetzt aus Minion Pro, 12 pt

Max Hoelz

Anklagerede gegen die bürgerliche Gesellschaft

Gehalten vor dem Moabiter Sondergericht

am 22. Juni 1921 in Berlin

Nach dem stenografischen Bericht,

herausgegeben von Felix Halle, 1921.

Hoelz: Hochansehnlicher, hochehrwürdiger Ausnahmesondergerichtshof!

Vorsitzender (*scharf unterbrechend*): Hoelz, wenn Sie uns hier beleidigen wollen, dann entziehe ich Ihnen sofort das Wort.

Hoelz: Ich betonte es schon: Sie haben die Macht und damit das Recht. Ob Sie mir das Wort zu Anfang, in der Mitte oder am Ende der Verhandlung entziehen, das ist doch Jacke wie Hose. Ich werde reden, solange wie Sie mich reden lassen und was ich will und was ich empfinde. Wenn ich rede, dann rede ich. Ich rede nicht, um mich zu verteidigen. Wenn ich mich verteidigen würde, dann müßte ich mich schuldig fühlen. Ich aber fühle mich nicht schuldig, am allerwenigsten vor einem bürgerlichen Gericht, das ich nicht anerkenne.

Wenn ich in diesen Saal geführt wurde, dann drängte sich ein Bild vor meine Seele, aus meiner Kinderzeit. In einem Dorfe, in dem ich zur Schule ging, bin ich ein einzigesmal in einem Puppentheater gewesen und habe den Dreyfusprozeß gesehen. Und wenn ich Sie hier so sehe, dann muß ich immer an die Holzpuppen des Marionettentheaters denken. (*Heiterkeit im Zuhörerraum, die der Vorsitzende rügt.*)

Hoelz: Ich will Sie nicht beleidigen, ich will nur ausdrücken alles das, was ich empfinde. Ich betrachte Sie eben als Holzpuppen ohne Gefühl. Sie haben kein Herz.

Zur Anklagerede des »Herrn« Staatsanwalts will ich mich gar nicht äußern. Die Anklagerede des Staatsanwalts ist eine Leichenrede für die bürgerliche Gesellschaft, von der er angestellt ist und von der er sich sein Honorar holen mag. Auch zu den Ausführungen meiner Verteidiger habe ich nichts hinzuzufügen. Meine Verteidiger sind mir geistig weit überlegen, in praktisch revolutionärer Hinsicht stecke ich alle drei in die Tasche.

Sie verhandeln hier gegen eine menschliche Bestie, so schreit die Bourgeoisie, so schreit die bürgerliche Pressemeute, so klingt es auch aus der Anklagerede des »Herrn« Staatsanwalts. Nun gut, ich als sogenannter Angeklagter – der ich aber nicht bin – denn ich bin der Kläger – habe das Recht, hier einige Worte zu meiner Persönlichkeit zu sagen. Ich will Ihnen diese Bestie sezieren, ich will sie Ihnen so auseinanderlegen, daß Sie ein wirkliches Bild von dieser Bestie bekommen.

I.

Ich bin als Sohn eines Schneidemühlenarbeiters geboren. Mein Vater hat sich viele Jahre als Tagelöhner durchgeschlagen. Wir waren sechs Geschwister, zwei sind in frühester Jugend gestorben. Mein Vater war ein arbeitsamer Mann, aber er hatte ein heißes Temperament. Er war kein Kriecher. Sobald er sah, daß er Speichel lecken sollte, ist er seiner Wege gegangen. So kam es, daß wir sechs oder sieben Dörfer durchwanderten. Ein häufiger Schulwechsel für mich war die Folge. Ich hatte aber nicht einmal Zeit, die häuslichen Aufgaben der Landschule zu erfüllen. Mit elf Jahren mußte ich bereits mitverdienen. Ich hütete zuerst die Gänse, später war ich im Sommer Kuh- und Pferdehirt. Im Winter mußte ich die Pferde der Dreschmaschine antreiben.

Meine Eltern waren sehr religiös und sind es heute noch. Mein Vater ist katholisch, meine Mutter protestantisch. Sie haben uns in ihrem religiösen Sinne erzogen. Ich kann mich an keinen Sonntag erinnern, an dem wir nicht in die Kirche gingen und zwar nicht aus äußerlichen Gründen, um etwa gesehen zu werden, sondern aus innerem Bedürfnis heraus. Wir setzten uns nicht ein einzigesmal zu Tisch, ohne zu beten, wir gingen ohne Gebet nicht schlafen. Mein Vater verdiente wöchentlich 10 Mark. Wir waren sechs Kinder, später waren wir vier. Wir mußten alle mitarbeiten und haben es redlich getan. Meine Eltern haben für meine Großeltern mitgesorgt. Ich mußte stundenweit das Essen zu meinen Großeltern in ein entferntes Dorf bringen. Ich habe gedacht, wenn ich aus der Schule komme, dann müßte ich auch für meine Eltern sorgen. Ich habe eine so ungeheure Achtung vor meinem Vater und vor meiner Mutter. Mein Vater ist nicht ein einziges Mal ins Wirtshaus gegangen. Mein Vater hatte nur ein Vergnügen. Er hat des Sonntags auf dem Sofa gesessen und eine einzige Zigarre geraucht. Dieser Mann, groß im Arbeiten und gering an Bedürfnissen ist der Typ des nichtklassenbewußten Proletariers. Er ist ein großer Tierfreund, der aus einer Gutsbesitzerfamilie hervorgegangen ist. Er hatte in Ulm eine bessere Schule besucht, aber die Liebe zu den Pferden hatte ihn in den einfachen ländlichen Beruf zurückgeführt. Dieser Mann hatte nicht meine Gesinnung und hat sie heute noch nicht. Er schämt sich meiner. Man kann es von einem solchen Menschen auch nicht verlangen, daß er sich meine Gesinnung aneignet. Er kann mein Tun nicht begreifen, aber vielleicht kommt er noch dazu, es zu verstehen.

Als ich die Schule verließ, wäre ich gern Schlosser geworden, aber meine Eltern waren blutarm und konnten kein Lehrgeld bezahlen. Ich wurde nach der Konfirmation als Tagelöhner zu einem Gutsbesitzer gegeben. Ich habe alle Arbeiten, die auf dem Lande vorkommen, gemacht. Die Arbeiten sind mir nie lästig geworden. Ich hatte immer das Bestreben, vorwärts zu kommen, nicht nur um zu leben, sondern um zu verdienen, um einmal meinen Eltern das zu vergelten, was sie an mir und meinen Geschwistern getan haben. Auf mich setzten meine Eltern ihre größten Hoffnungen, da ich als das begabteste von ihren Kindern galt. In den zwei Jahren, die ich auf dem Lande zubrachte, habe ich mich in den wenigen Mußestunden durch Bücher soweit gebracht, daß ich mit der weiteren Umwelt in Berührung kam, mit einer Welt, die nicht auf meinem Dorf bekannt war.

Am Ende dieser zwei Jahre kam der erste selbständige und entscheidende Schritt in meinem Leben. Ich ging ohne Einwilligung meiner Eltern in die Stadt. Nach zwei Monaten kam ein weiteres noch größeres Wagnis. Mit sechzehn Jahren wanderte ich nach England aus und habe dort versucht, mein Fortkommen zu finden. Meine Wünsche gingen soweit in Erfüllung, als es mir gelang, »eine Stellung« als Volontär in einem technischen Büro zu erhalten. Man ist in England großzügiger als in Deutschland. Man verlangt dort nicht für jeden Posten ein Staatszeugnis oder ein Examen. Man kann sich dort aus eigener Kraft emporarbeiten. In England fragt man nicht, wer ist dein Vater. In England gilt der Mann, was er tut, was er leistet. Ich weiß heute, daß in England infolge des kapitalistischen Systems die gleiche Ausbeutung der besitzlosen Klasse stattfindet, damals fühlte ich mich freier als in Deutschland. Am Tage besuchte ich die technische Hochschule in einem Londoner Vororte, während der Nacht habe ich in einem Autodroschkenbetrieb die Wagen gewaschen. Durch diese Nachtarbeit verdiente ich mir den Unterhalt, das Schulgeld und das Geld für die Bücher. In England habe ich sehr gehungert und oft nicht das Nötigste gehabt, um mir das trockene Brot zu kaufen. Ich habe einmal drei Tage lang keinen Bissen Brot genossen, so daß ich auf der Straße umfiel.

Wegen der Erfüllung meiner Militärdienstpflicht mußte ich nach Deutschland zurückkehren. Ich fand nicht gleich Stellung in meinem Beruf als Techniker. Ich wurde zunächst in Berlin

Hausdiener im Architektenhaus in der Wilhelmstraße. Ich versuchte unterdessen, eine Stellung zu finden, die meinen Kenntnissen entsprach. Es war damals eine schwere Zeit. Hunderte von Stellungsuchenden standen an den Plätzen, an denen der »Arbeitsmarkt« ausgegeben wurde. Ich bin dann zu Siemens und Halske gegangen und habe den Arbeitern das Essen in der Mittagspause herauf getragen. Erst nach langem Warten gelang es mir, bei Arthur Koppel in meinem Beruf als Techniker Beschäftigung zu finden. Ich wurde der alliierten Firma Bachstein zugeteilt und von hier aus zu einem Bahnbau nach Bayern geschickt. Bei dieser Tätigkeit sagten zu mir die Ingenieure: Hoelz, Sie sind ein tüchtiger Mensch. Versuchen Sie es, noch zwei oder vier Semester eine technische Schule zu besuchen. Ich habe versucht, mich auf die technische Hochschule vorzubereiten. Von meinen Eltern konnte ich keine Mittel dazu bekommen. Ich wollte zunächst das Einjährigenzeugnis erlangen.

Ich ging nach Dresden, um dort eine »Presse« zu besuchen. In Dresden ist es mir schwer gefallen, durchzukommen. Eine Stellung als Techniker konnte ich nicht annehmen, weil ich dann tagsüber hätte arbeiten müssen und mir keine Zeit für meine Schularbeiten geblieben wäre. So mußte ich mich nach allen möglichen Arbeitsgelegenheiten umsehen. Ich hätte ja stehlen können, wenn ich dazu veranlagt wäre, an Hunger dazu hat es nicht gefehlt. Ich habe mich aber nicht gescheut, als zwanzigjähriger Mensch des Abends Kegel aufzusetzen zum Vergnügen vollgefressener, fetter Bourgeois. Ich erhielt 75 Pfennig pro Abend. Mit derartigen Beschäftigungen verdiente ich soviel, um mich notdürftig über Wasser zu halten. Endlich fand ich Stellung in einem Kinotheater in der Wettinstraße als Vorführer. Ich erhielt 25 Mark wöchentlich. Damit hatte ich Geld, um mir ein richtiges Zimmer zu mieten, um die »Presse« zu besuchen und um mir Bücher zu kaufen. Infolge meiner doppelten Beschäftigung, als Schüler und Erwerbstätiger, führte ich eine sehr anstrengende, ungesunde Lebensweise. Von der

»Presse« mußte ich nachmittags zu den Vorführungen in das Kinotheater, das ich erst nach Schluß der letzten Abendvorstellung verlassen konnte. Dann begann ich mit meinen Schularbeiten. Ich habe oft, wenn der Morgen schon graute, noch in meinen Kleidern über den Büchern gesessen. Dann ging ich, ohne im Bette gewesen zu sein, des Morgens in die Schule. Dieses Leben führte ich ein Jahr lang. Dann kam ich zur Generalaushebung.

Die ärztliche Untersuchung stellte eine furchtbare Veränderung meiner körperlichen Beschaffenheit fest. Während ich bei einer Musterung wenige Monate zuvor tauglich zur Kavallerie befunden worden war, war ich jetzt kränklich und für den Dienst in der Linie untauglich. Die Militärärzte konnten sich die Ursachen meines plötzlichen körperlichen Verfalls nicht erklären. Ich wurde Ersatzreserve. Da ich mich selbst unfähig fühlte, mein bisheriges Leben fortzuführen, insbesondere unter häufigen Kopfschmerzen litt, konsultierte ich verschiedene Ärzte. Sie hatten den Verdacht, daß ich schwindsüchtig sei. Die Ärzte rieten mir übereinstimmend von weiteren Versuchen, das Einjährigenexamen zu machen, ab und empfahlen mir auch eine Berufsausbildung in freier Luft. Diesem Rate folgend ging ich in das Vogtland, wo ich entsprechende Beschäftigung fand. Hier lernte ich meine Frau kennen und heiratete. Auf diese Weise bin ich im Vogtland kleben geblieben.

II.

Bei Ausbruch des Krieges meldete ich mich bei den sächsischen Königshusaren in Großenhain als Kriegsfreiwilliger. Ich bin voller Begeisterung, im Glauben, für eine gute und gerechte Sache zu kämpfen, ins Feld gezogen. Ich hätte mich geschämt, zu Hause zu bleiben, während andere hinauszogen. Ich wurde der Stabswache des Generalkommandos zugeteilt. Ich vergesse nicht den Tag vor dem Ausrücken des Generalkommandos.

Draußen in Neustadt hielt General von Carlowitz eine kräftige Ansprache an seine Truppen. Er sagte: »Wenn wir in Feindesland sind, dann wollen wir nicht einziehen als Räuber, Plünderer und Raubbrenner, sondern als Männer, die ihr Vaterland verteidigen.« Ich bin überzeugt, daß General von Carlowitz seine Worte ehrlich gemeint hat. Aber wenige Tage nach diesen Worten, beim Einmarsch in Belgien, mußte der General sehen, daß es die Praxis nicht zuließ, sich an die schönen Reden zu halten, die er zu Hause geführt hatte. In Yypern fand das erste Treffen mit den Engländern statt. Bei unserem Weitermarsch sahen wir auf der Straße zwölf erschossene Einwohner, darunter zwei Mädchen von zirka zehn und zwölf Jahren, liegen. Diese Leute waren nicht im Gefecht gefallen, sondern standrechtlich erschossen worden. Auf unsere Fragen, warum diese Leute erschossen worden waren, wurde uns und unseren Kameraden geantwortet, es seien Franktireurs gewesen. Ein deutscher Leutnant sollte von einem der erschossenen Mädchen gefragt worden sein, wieviel die Uhr ist. Bei dieser Gelegenheit soll das Kind ihn mit einer Pistole niedergeschossen haben. Wir bezogen Quartier in diesem Orte und wurden mit den Einwohnern bekannt. Hier stellte es sich heraus, daß die Beschuldigungen gegen die Erschossenen heller Unsinn waren. Es waren keine Franktireurs, das Kind hatte keine Pistole, Tatsache war lediglich, daß sie unschuldig niedergeknallt worden waren, von Rechts wegen. In dem Ort befand sich auch ein Haus, an dessen Tor war mit Kreide geschrieben: »Hier sind die Kinder der Erschossenen.« In einem Raum befanden sich fünfzehn bis zwanzig Kinder. Das war für mich ein erschütternder Anblick.

Es kam nunmehr der Stellungskrieg. Zunächst behielt das Kommando General von Carlowitz, ihm folgte General von Schubert. Ich betone, daß ich vor beiden als Männern eine hohe Achtung hatte. Beide waren der Typ des ehrlichen alten Militärs. Sie sind mitten durch das Granatfeuer geritten. Erst als andere an die Spitze des Generalkommandos traten, begannen die

Saufgelage und jenes wüste Treiben der Offiziere, das den Haß des gemeinen Mannes herausgefordert hat. Leute, die nie den Feind gesehen hatten, brüsteten sich mit dem damals noch seltenen Eisernen Kreuz. Ein Feldgendarm, von dem wir sagten, daß drei Männer nicht seinen Bauch umspannen könnten, hatte das Eiserne Kreuz für seine Spitzeldienste bekommen, während er schwindelte, daß eine schwere Granate fünf Meter vor ihm eingeschlagen und krepiert sei, ohne ihn zu verletzen. Ich habe gesehen, daß Verwundete, die schmutzig, hungrig und durstig von der Front kamen, nicht verpflegt, sondern von den Offizieren beschimpft wurden, daß sie nicht tapfer genug gekämpft hätten.

Ich bin dann zur Kavallerieabteilung 53 gekommen; der ich als Meldereiter zugeteilt wurde. Ich habe den ganzen Feldzug teils an der Sonne, teils in der Champagne, teils in Galizien mitgemacht. Ich habe gesehen, daß Hunderte, ja Tausende verbluten mußten. Ich war von dem Erlebten so erschüttert, daß ich nachzudenken begann, zu welchem Zweck dieses Gemetzel stattfinde. Unter den Eindrücken der Kämpfe an der Sonune und vor Ypern ließ mich die Frage nach dem Warum nicht los. Ich fühlte, daß hier etwas nicht stimmt. Ich war in das Feld gezogen in der festen Überzeugung, für eine gerechte und gute Sache zu kämpfen, aber meine Erlebnisse ließen mich erkennen, daß der Kampf, den wir führten, kein Kampf für das Recht war. Ich sah, daß Leute, die sich niemals gekannt und vorher einander kein Leid zugefügt hatten, sich in einer so grausamen Weise abschlachteten. Es ist mir wie Schuppen von den Augen gefallen. Mit meinen Kameraden konnte ich darüber nicht sprechen. Die Kavalleristen waren roh und hatten für mein Empfinden kein Gefühl. Als ich beim Abtransport gefangene Engländer gegen Mißhandlungen durch meine Kameraden zu schützen versuchte und ihnen Vorstellungen machte, wurde ich für einen Spion gehalten, besonders, weil ich vor dem Kriege in England gewesen war, mit den Engländern in ihrer

Sprache reden konnte und auch für ihre Gefühle Verständnis zeigte. Beim Anblick gefallener und gefangener Engländer mußte ich stets daran denken, daß mir in England viele Menschen Gutes getan hatten. Ich war ein Mensch, der mit sich selbst zurecht kommen mußte. Ich habe versucht, mich aus dem Labyrinth von Gedanken herauszuarbeiten. Nachdem der Zweifel mir meinen Kindheitsglauben genommen hatte und meine religiösen Vorstellungen ins Schwanken geraten waren, mußte ich alle Fragen noch einmal durchdenken. Man hatte uns gelehrt, daß es Reiche und Arme geben müsse und daß den Armen für ihr Leben in dieser Welt das Himmelreich sicher sei. Ich aber sah im Felde, daß es nur Unterdrücker und Unterdrückte gibt.

Bevor ich auf die Kämpfe von 1918 zu sprechen komme, möchte ich vorher ein Erlebnis einflechten, das für meine Wandlung von entscheidender Bedeutung wurde. Als wir 1915 zur Offensive vorrückten, da stießen wir über die feindlichen Linien vor. Wir durchschritten ein Gebiet, das vorher Franzosen und Engländer gehalten hatten. Wir trafen auf ein Leichenfeld. Die Gefallenen waren Franzosen, Engländer, Slaven und Deutsche. Die Toten hatten sechs Monate unbeerdigt gelegen. Die Leichen sahen schwarz aus, aus den Augenhöhlen quoll eine dicke gelbe Materie. Der Leichengestank war furchtbar. Man konnte nicht einige Minuten dort weilen, ohne sich das Taschentuch vor Nase und Mund zu pressen. Ich habe aber stundenlang bei diesen Leichen gestanden und mir die Frage immer und immer wieder vorgelegt: was würden die Angehörigen, die ihre Lieben »fürs Vaterland« hinausgesandt haben, tun, wenn sie ihre Männer, Väter, Brüder, Söhne in diesem Zustand sehen würden? Ich glaube, dann würden sie alle Hebel in Bewegung setzen, um diesem Morden ein Ende zu bereiten. Ich habe einen sehr schweren Kampf durchkämpft. Meinen Kindheitsglauben hatte ich verloren, aber eine neue Weltanschauung noch nicht gefunden. Dieses Rätsel ist von mir selbst und von den anderen, die ich fragte, nicht gelöst worden.

Während der Offensive 1918 sind wir von Cambrais vorgestoßen. Es war eine Zeit, wo unsere Verpflegungsschwierigkeiten auf den Gipfel gestiegen waren. Wir bekamen pro Tag einen gestrichenen Eßlöffel Marmelade und ein derartig geringes Quantum Brot, daß wir uns kaum auf den Beinen halten konnten. Wir mußten Märsche von 40 bis 50 Kilometer pro Tag machen. Erst vor Amiens kam es zum Halten. Es hieß, daß die Franzosen Verstärkungen erhalten hätten. Wir bekamen die Wahrheit dieser Meldung bald zu spüren. Wir hielten an einer Waldecke, 100 Meter von unserer eigenen Artillerie. Die Artillerie begann von unserer Seite ein Trommelfeuer, eine halbe Stunde später setzte von drüben ein noch heftigeres Trommelfeuer ein. In einer Entfernung von 20 Metern schlug eine Granate ein. Ich merkte, es war ein Volltreffer, sie krepierte. Ich hörte schreien, und in acht Meter Entfernung brach ein Telephonist zusammen, der die zerstörten Drähte nach dem Beobachtungsstand reparierte. Es war ein junger Mensch, der achtzehn Jahre zählen mochte, aber wie ein Sechzehnjähriger aussah. Er war schwer getroffen. Wir bemerkten, daß sein Unterschenkel nur noch an der Wickelgamasche hing. Der Verwundete schrie immerfort: »Mutter! Mutter!« Dieser Vorgang hatte mich so erschüttert, daß ich nicht wußte, was ich denken und tun sollte. Mein eigenes Pferd war durch die Granate erschlagen worden. Wir mußten aus der Waldecke heraus. In diesem Augenblick trifft meinen Kameraden, mit dem ich vier Jahre im Felde war, eine Granate und riß ihm das ganze Kreuz heraus. Er blieb noch fünfzehn Minuten am Leben. Seine Augen waren schon völlig verglast. Er schrie andauernd meinen Namen. Dieser Anblick und die völlige Ohnmacht, nicht helfen zu können, haben mich so erschüttert, daß mich die Leute, die mich später bei meiner Rückkehr zu unserem Standort sahen, für geisteskrank hielten.

Vor dem Rückweg hatte ich aber noch selbst weitere schwere Erlebnisse. Ein Infanterist, der aus der Feuerlinie kam, gab mir irrtümlich einen falschen Weg an. Ich geriet nun selbst mit meinem neuen Pferd, es war das Pferd des erschossenen Kameraden, in den feindlichen Geschoßhagel. Mein Pferd bäumt sich, überschlägt sich, ich gerate unter das Pferd und bleibe in dieser Stellung, vom Sturz betäubt, sechs Stunden lang liegen. Als deutsche Soldaten später diese Stellung einnahmen, fanden sie mich und zogen mich hervor. Wir rückten nun 200 bis 300 Meter vor, dann wurde das Feuer so intensiv, daß wir uns in Deckung bringen mußten. Es befanden sich dort kleine Infanterielöcher, die nur für einen Mann bestimmt waren. Wir suchten zu Zweien in einem Loch Unterschlupf und warteten durstig, hungrig und frierend auf ein Schwächerwerden des rasenden Feuers. Aber das Feuer schwoll noch an. Eine Granate schlägt in unserer Nähe ein und die aufgeworfenen Erdmassen verschütteten uns. Erst nach geraumer Zeit gelang es anrückenden Verstärkungen, während einer Feuerpause, uns auszugraben. Wir mußten dann den Rückzug antreten. Unsere Truppen konnten sich nicht mehr halten. Wir kamen dann in Ruhe in die Nähe von Verdun.

Ich hätte mich, da ich infolge der Verschüttung eine Gehirnerschütterung erlitten und auch einen Kontusionsschuß erhalten hatte, krank melden und ins Lazarett stecken lassen können. Aber ich hatte zur Genüge gesehen, wie die Militärärzte mit den verwundeten Kameraden umgingen und wußte, was ich von ihrer Behandlung zu halten hatte. Ich meldete mich von neuem zur Front und wurde einer Maschinengewehrabteilung zugeteilt. Trotzdem geriet ich wider Willen in die Klauen der Militärärzte. Als ich zur Maschinengewehrabteilung abkommandiert wurde, eiterten meine Füße infolge eingewachsener Nägel. Ich mußte deswegen zur Revierstube. Hier sah mich ein Arzt, der meine zwangsweise Überführung in das Lazarett bei Verdun zwecks Operation anordnete. Im Lazarett fragte ich den mich behandelnden Arzt, ob mir die Nägel wieder herausgerissen werden sollten. Ich hatte im Frieden schon eine derartige Operation durchgemacht. Der Arzt sagte, das ginge mich nichts an, das machen wir, wie wir wollen. Es stellen sich sieben Mann um mich herum, hielten mich fest und der Chirurg riß mir die Nägel heraus. Ich zitterte, bekam Angstzustände, wurde unruhig und fing an zu toben. Ihn mich zu beruhigen und zu zeigen, daß man fertig sei, zeigte man mir die Zerschundenen Zehen. In meinem Erregungszustand erschien mir dies wie Hohn. Ich bekam nun regelmäßige Angstzustände und wehrte mich mit den Fäusten gegen jeden Verbandwechsel. Daraufhin wurde ich einem Lazarett für Nervenkranke in Süddeutschland überwiesen. Hier fand ich vernünftige Ärzte, Leute, die vor allen Dingen auf die Psyche, auf die Seele des Kranken Wert legten, die genau wußten, daß sie mit roher Behandlung sich nicht die Zuneigung der Kranken erwerben könnten. Nach sieben Wochen war ich soweit geheilt, daß ich als garnisondienstfähig entlassen werden konnte. Ich kam nun in die Kaserne und sollte dort Dienst machen. Hier zeigte es sich aber, daß meine Nerven weit mehr gelitten hatten, als man bisher angenommen hatte. Ich war dienstunfähig, und man schickte mich auf Erholungsurlaub ins Vogtland zu meiner Frau. Meine Kopfschmerzen waren seit meiner Verschüttung so heftig gewesen, daß ich oft verzweifelte. Die Bahnfahrt hatte mich sehr angestrengt. Es stellten sich derartige Kopfschmerzen ein, daß ich glaubte, wahnsinnig zu werden. Unter dieser Vorstellung beging ich den Selbstmordversuch, von dem die medizinischen Sachverständigen berichtet haben. Ich wurde nunmehr als militärdienstuntauglich mit einer monatlichen Rente von 40 Mark entlassen.

Ich suchte nun die Rückkehr in meinen bürgerlichen Beruf. Aber überall, wo ich Anstellung suchte, nahm man Anstoß an meiner Entlassung wegen Nervenleidens. Immer wieder erhielt ich den gleichen Bescheid: Wir können Sie zu unserem Bedauern wegen Ihres Leidens nicht einstellen. Endlich, nach viermaliger

Anfrage und persönlicher Vorstellung erhielt ich eine Anstellung als Techniker bei der Firma Glaser. Ich wurde zu einem Bahnbau nach Lothringen geschickt und hatte die Aufsicht über 150 Arbeiter zu führen. Hier zeigte es sich bald, daß ich nicht mehr fähig war, in meinem alten Beruf zu arbeiten. Es war mir unmöglich, im geschlossenen Raum zu sitzen, zu rechnen und Konstruktionszeichnungen auszuführen. Ich wurde entlassen und mußte mich von neuem nach Arbeit umsehen.

III.

Im November 1918 kehrte ich stellungslos in das Vogtland zurück. Ich kam nach dem kleinen Industriestädtchen Falkenstein, wo trostlose wirtschaftliche Verhältnisse bestanden. Bei 15.000 Einwohnern gab es 5.000 Erwerbslose. Ich selbst wurde zum Vorsitzenden des Erwerbslosenrats gewählt. Sehr bald gerieten wir in Konflikt mit den Behörden. Die Erbitterung der armen Bevölkerung gegen den Bürgermeister war ungeheuerlich. Soweit es sich um Arbeitslose oder arme Leute handelte, hielt sich dieser treffliche Beamte streng an den Buchstaben des Gesetzes. Soweit seine Interessen und die Interessen der besitzenden Klasse in Frage kamen, konnte er auch anders. Er behandelte die Kriegerfrauen in der gröbsten Weise. Ihre berechtigten Wünsche beantwortete er mit der Drohung, sie die Treppe hinunter werfen zu lassen. Den Arbeitslosen, die Arbeit oder eine erhöhte Unterstützung verlangten, da sie mit der gewährten Unterstützung unmöglich auskommen konnten, drohte er mit Herbeiziehung von Militär. Es bestanden zu dieser Zeit auch Schwierigkeiten hinsichtlich der Kohlenversorgung. Die armen Leute hatten nichts zu feuern. Es gibt in der Nähe von Falkenstein ungeheure Wälder, aber sie waren nur da, um die Geldsäcke der schon schwerreichen Besitzer noch mehr zu füllen. Der armen Bevölkerung war jedes Anrühren des Waldes bei schwerster Strafe verboten. Die Selbsthilfe der Arbeitslosen machte diesem widersinnigen Zustande ein Ende. Auch der reiche Waldbesitzer, Kammerherr Baron von Trützschler-Falkenstein, mußte sich entschließen, in seinen Wäldern Holz schlagen zu lassen und zu billigem Preise der notleidenden Bevölkerung abzugeben. Auch setzte der Arbeitslosenrat durch, daß an die arme Bevölkerung Falkensteins Kartoffeln geliefert wurden, die früher nicht zu haben waren. Es stellte sich heraus, daß dem Bürgermeister in mehreren Fällen nicht nur Kartoffeln und Erbsen, sondern auch unrationierte Lebensmittel zum Kauf angeboten worden waren. Der Bürgermeister lehnte es im Gegensatz zu seinen Amtskollegen der Nachbarstädte ab, nur um den Geldsäckel der Stadt im Interesse der wenigen Begüterten zu schonen. Nachdem der Bürgermeister ein Plakat mit einem Aufruf des Arbeitslosenrates abgerissen hatte, wurde er bei der nächsten Demonstration gezwungen, an der Spitze des Zuges zu marschieren. Nach Beendigung des Demonstrationszuges alarmierte der Bürgermeister die höheren Amtsstellen in Dresden, mit dem Schreckgespenst eines roten Aufstandes in Falkenstein. Er erreichte es, daß auf Grund seiner Denunziation Militär nach Falkenstein geschickt wurde. Nachdem die Reichswehr in Falkenstein angekommen war, begannen die üblichen Verfolgungen. Die Mitglieder des Arbeitslosenrates, soweit sie nicht geflüchtet waren, wurden verhaftet und nach Flauen transportiert, nach den Versteckten wurde gefahndet. Auch bei mir wurde Haussuchung gehalten. Man durchwühlte alles und stöberte in jedem Schrank herum. Aber in dem Schrank, in dem ich steckte, suchten sie nicht. Am nächsten Tage zogen die Arbeitslosen in Scharen vor das Rathaus und forderten den Abzug der Truppen. Es kam zu Verhandlungen zwischen den Arbeitslosen und dem Militär. Die Soldaten erklärten. sie seien nur darum gegen Falkenstein marschiert, weil ihnen von ihren Führern gesagt worden war, es würde in Falkenstein geraubt und geplündert. Die Reichswehr zog dann ab. Wir nahmen den

Bürgermeister und mehrere Stadträte als Geiseln fest und verlangten, daß die gefangenen Genossen freigegeben würden.

Aufgrund dieser Vorgänge begann die Zeit meiner Verfolgung. Ich wurde als Rädelsführer bei Landfriedensbruch gesucht: es wurde eine Belohnung von 3.000 Mark auf meinen Kopf ausgesetzt. Ich mußte Falkenstein verlassen. Ich bin dann unter anderem Namen im Lande umhergereist und begann illegal für die revolutionäre Sache zu arbeiten. Nachdem ich mich gefühlsmäßig der Kommunistischen Partei angeschlossen hatte, lernte ich im Laufe meiner illegalen Agitation und auch durch das Lesen von kommunistischen Büchern sowie durch den Kursus, den ich mitgemacht hatte, die Aufgaben des revolutionären Kampfes kennen. Ich erkannte nunmehr, daß es nicht genügt, sich gefühlsmäßig auf die Seite der unterdrückten, besitzlosen Klasse zu stellen, sondern daß man für die soziale Revolution mit allen Mitteln kämpfen muß, die ich im Kriege so verabscheuen gelernt hatte. Ich war aus dem Kriege als Pazifist heimgekehrt. Aber aus den Vorgängen im Vogtlande und meiner anschließenden Beschäftigung mit der Theorie und Praxis des Klassenkampfes lernte ich, daß sich die Befreiung der Arbeiterschaft nicht im wirtschaftlichen Kampfe durchzusetzen vermag, sondern daß ein Kampf um die politische Macht notwendig ist, der mit allen Mitteln der Gewalt geführt werden muß, weil die Bourgeoisie die wirtschaftliche Knechtung der Arbeiterschaft mit allen Mitteln der Gewalt aufrecht zu erhalten sucht. Ich kam zu der Erkenntnis, daß die soziale Revolution kommt und kommen muß, weil sie in der gesamten Geschichte der Menschheit begründet liegt. Es besteht objektiv nicht der geringste Zweifel, daß der Druck auf die Massen immer stärker werden wird, bis die Massen erkennen, daß nur der schonungslose Kampf gegen ihre bisherigen Unterdrücker das Proletariat vor dem Untergang zu bewahren vermag. Die Erfahrungen der letzten zwei Jahre haben mich zum Todfeind der Bourgeoisie gemacht. Ich habe mich der proletarischen Sache zunächst aus wirtschaftlichen Ursachen angeschlossen. Nachdem ich einmal in die Bewegung eingetreten war, vertiefte ich mich in den Sinn der proletarischen Revolution. Ich habe mir nie eingeredet, daß man mit einem bewaffneten Putsch die soziale Revolution herbeiführen könne. Die soziale Revolution kommt als Ergebnis bestimmter wirtschaftlicher Bedingungen und sozialer Kräfte. Das schließt nicht aus. daß man die Revolution durch Aktionen zu fördern vermag, und das muß jeder echte Revolutionär in jedem Augenblicke zu tun bereit sein, wenn er von den alten Gewalten zum Kampf gezwungen wird. Ich bin nur ein einfacher Soldat der Revolution. Zu meinem heißen Herzen ist nach und nach die wissenschaftliche Erkenntnis gekommen, daß die soziale Revolution eine eiserne Notwendigkeit ist. Wenn ich nicht die wissenschaftliche Überzeugung von dem Kommen der Revolution gewonnen hätte, so würden mich die vielen Enttäuschungen der letzten Jahre an dem Glauben, daß die soziale Revolution zum Siege kommen wird, irre gemacht haben. Die in der sozialdemokratischen und in der unabhängig-sozialdemokratischen Partei organisierten Arbeiter werden der gewaltsamen Austragung des Klassenkampfes nicht aus dem Wege gehen können, auch dann nicht, wenn sie unter dem Einfluß ihrer sozialverräterischen Führer sich nicht für, sondern gegen die Revolution erklären.

Bei meinen illegalen Wanderungen in Sachsen kam ich an einen kleinen Ort, wo Genossen mir mitteilten, daß man auf meine Spur gekommen sei. Die Genossen sagten: »Bringe dich in Sicherheit. Lasse dir deine langen Haare scheren und verschwinde!« Ich befolgte den Rat, ließ mir die Haare scheren, steckte sie in ein Kuvert und schickte sie dem Reichswehroberst von Berger, der die militärischen Verfolgungsmaßnahmen gegen mich leitete. Ich schrieb ihm dazu: »Hier sind die langen Haare des Hoelz, die ihn verraten sollen, suchen Sie sich den Kerl dazu.«

Ich kehrte nach Falkenstein zurück und wurde bald nach meiner Rückkehr verhaftet, aber von den revolutionären Arbeitern ebenso schnell wieder befreit. Falkenstein ist ungefähr fünfmal hintereinander mit Reichswehrtruppen belegt worden. Jedesmal, nachdem die Truppen abgezogen waren, war die revolutionäre Bewegung in der Arbeiterschaft starker geworden. Auf die Dauer konnte ich mich in Falkenstein nicht halten, zumal die Belohnungen auf meine Ergreifung dauernd erhöht wurden. Ich verließ Sachsen und begab mich nach Mittel; und Norddeutschland. Im Leunawerk bei Halle wurde ich verhaftet, aber von den revolutionären Arbeitern wieder befreit. Ich bin dann nach Hannover gegangen und habe dort einen Kursus mitgemacht. Ich agitierte nun eine Zeitlang in Mitteldeutschland, dann kehrte ich nach Falkenstein zurück. Ich sprach in öffentlichen Versammlungen und wurde verhaftet und von der revolutionären Arbeiterschaft abermals befreit. Ich wandte mich nach Weglau in Sachsen, wo ich agitierte und gefangene Genossen befreite. Während dieses unsteten illegalen Lebens habe ich in hunderten, ja, lausenden von Proletarierfamilien gelebt, bei denen ich Zuflucht fand. Ich selbst besaß keinen Pfennig. Die Arbeiter haben das Letzte, was sie hatten, mit mir geteilt. Die Leute hatten kein Fleisch, keine Butter, wenig Brot. Im Jahre 1919 habe ich schwer gehungert, und meine Genossen mit mir. Die Erkenntnis, daß Hunderttausende in Deutschland mit mir leben, die das gleiche Ziel der sozialen Revolution verfolgen, hat mich dazu gebracht, in dem Kampf auszuhalten und weiter zu kämpfen.

Kurz vor dem Kapp-Putsch landete ich in Begleitung mehrerer Genossen in Selten in Bayern. Wir wollten am nächsten Tage weiter fahren. Wir hatten schon die Fahrkarten nach Hof. Wir sahen verschiedene Zivilisten, die sich für uns auffällig interessierten. Wir bemerkten bald, hier ist dicke Luft, und beschlossen, nicht abzufahren, da wir annehmen mußten, auf dem Bahnhof verhaftet zu werden. Wir schlugen uns in den Wald, der tief verschneit war. Die Häscher blieben auf unserer Spur, unterstützt von bayerischen Gendarmen, und hetzten uns von 4 Uhr morgens bis 7 Uhr abends. Wir kamen abends 7 Uhr in Oberkottrau bei Hof an, um den Zug zu besteigen, da hörten wir, daß in Berlin die Regierung gestürzt sei. Diese Nachricht machte mich etwas dreist. Als ein Gendarm einen unserer Genossen anrempelte, gab ich ihm ein paar freche Antworten: »Sie kennen meinen Steckbrief. Wissen Sie denn überhaupt, wer Ihre Regierung ist? Vielleicht lassen wir Sie morgen zum Appell antreten, und dabei werde ich Sie mir aussuchen.« Der Gendarm ging in das Bahnhofsgebäude zurück. Wir nahmen an, daß er nach Hof telephonierte, damit wir dort angehalten würden. Er kam aber mit vier anderen Kollegen wieder. Inzwischen hatten wir schon den Zug bestiegen. Die Gendarmen kamen in den Waggon und betraten unser Abteil, um mich zu verhaften. Sie forderten mich auf, auszusteigen. Ich sagte, ich gehe nicht heraus, ich bleibe hier. Die Beamten hielten mir ihre Revolver vor. Ich war mir immer darüber klar: wenn die mich fangen, dann ist es um meinen Kopf geschehen. Deswegen trug ich ständig eine Eierhandgranate bei mir, die ich vor dem Eintritt der Gendarmen bereit hielt und vor ihren Augen entsicherte. Ich rief den Gendarmen zu: »Wenn mich jemand anrührt, dann geht der ganze Wagen in die Luft!« Die Gendarmen riefen den entsetzten Passagieren zu: »Drin bleiben! Sitzen bleiben!«, sie waren aber die ersten, die sich in Sicherheit brachten. Ich blieb als einziger im Waggon zurück und benutzte die Gelegenheit, um das Coupee auf der dem Stationsgebäude abgewendeten Seite zu verlassen. Ich stürmte über die Gleise hinweg, um mich meinen Verfolgern zu entziehen. Ich marschierte zu Fuß nach Hof und am anderen Tage nach Falkenstein zurück.

IV.

In Falkenstein bewaffnete sich die revolutionäre Arbeiterschaft. Sie hatte mehrere Gefechte mit der Reichswehr. Wir legten unser revolutionäres Hauptquartier nach Schloß Falkenstein. Die Bürgerwehren wurden entwaffnet. Denn zog ich mit einem bewaffneten Trupp nach Plauen. Dort wurden die politischen Gefangenen befreit. Es war der schönste Tag in meinem Leben, als ich den Genossen die Freiheit wiedergeben könnte. Wenn in der Verhandlung einige bürgerliche Zeugen behauptet haben, daß die Bourgeoisie sehr feige sei und auf dieser Feigheit des Bürgertums die Erfolge der revolutionären Arbeiterschaft beruhen, so kann ich das nach meinen Erfahrungen bestätigen. Plauen ist eine Stadt von 150.000 Einwohnern. Es hatte eine Garnison und Schupo. Ich drang mit 50 Mann zum Gefängnis, ohne daß jemand wagte, mich daran zu hindern. Da ein Teil unserer Gefangenen von der Reichswehr weiter verschleppt war, so nahmen wir den Oberstaatsanwalt beim Landgericht Dr. Huber als Geisel fest, mit der Erklärung, daß wir ihn nur freigeben würden, wenn unsere gefangenen Genossen entlassen würden, und die Akten des Landgerichts, die man gleichfalls fortgeschafft hatte, uns übergeben würden. Dr. Huber, der uns als Reaktionär bekannt war, kann sich über schlechte Behandlung bei uns nicht beklagen. Wir haben ihn sofort nach dem Eintreffen der angeforderten Gefangenen und Akten unsererseits freigegeben. Wir bildeten eine reguläre Rote Armee. Wir hofften, daß die Weiterentwicklung der militärischen Aktion es ermöglichen würde, mit der Roten Armee des Ruhrgebiets in Fühlung zu treten. Wir hielten durch bis zuletzt. Erst als die Rote Armee des Ruhrgebiets aufgelöst war, wagte es die Regierung, gegen uns vorzugehen. Die bürgerliche und sozialdemokratische Presse hat mit einer Unverfrorenheit behauptet, es hätten niemals mehr als 150 Mann hinter Holz gestanden. Wenn das der Wirklichkeit entsprach, und wenn die Aktion nicht von dem

Willen des revolutionären Proletariats getragen gewesen wäre, warum hat die Regierung 40-50.000 Soldaten nach ihrer eigenen Angaben gegen das Vogtland aufgeboten?

Bis zum Vormarsch der Reichswehr hatten im Vogtlande, auch in Falkenstein, Ruhe und Ordnung sogar im bürgerlichen Sinne geherrscht. Wir hatten die Fabrikanten aufgefordert, für die Rote Garde bestimmte Kontributionen aufzubringen. Die Fabrikanten stellten die Gegenforderung, daß wir den Schutz des Eigentums, der Häuser und der Menschenleben übernehmen. So bildete sich während der Kapptage zwischen der revolutionären Arbeiterschaft und der übrigen Bevölkerung, wenn auch kein friedliches, so doch ein erträgliches Verhältnis heraus. Das Bürgertum machte uns keine besonderen Schwierigkeiten. Das Bild änderte sich, als wir hörten, daß die Regierungen in Berlin und Dresden beschlossen hatten, Reichswehr in das Vogtland zu senden. Gegenüber der anrückenden bewaffneten Macht der Konterrevolution hatten wir keine Rücksichten zu nehmen. Wir drohten der Bourgeoisie mit den schärfsten Repressalien. Wir erklärten, in dem Augenblick, wenn die Reichswehr kommt, werden wir die Häuser der Reichen in die Luft sprengen und die Bourgeoisie abschlachten. Es wäre ein Wahnsinn gewesen, wenn der revolutionäre Vortrupp von einigen hundert bis tausend Mann sich von einer Truppenmacht von 40-50.000 Mann, die mit allen technischem. Hilfsmitteln, vor allem mit Artillerie ausgerüstet war, hätte ruhig einkreisen lassen. Um unsere Losungen nicht als bloße Worte erscheinen zu lassen, sondern um ihnen den Nachdruck der Tat zu geben, haben wir einige Villen der Bourgeoisie angezündet. Sonst ist der Bourgeoisie nichts geschehen. Es sind auch keine Mitglieder der Bourgeoisie geschlagen oder erschossen worden. Das vogtländische Proletariat zeigte sich trotz aller Entbehrungen weniger blutdürstig und grausam als die satte, aber psychisch blutgierige Bourgeoisie. Während der Kapptage ist kein einziger Bürger ums Leben gekommen. Nach einigen Tagen sahen wir, daß unsere Stellung unhaltbar wurde. Bei einem nächtlichen Appell erklärte ich der revolutionären Truppe, daß es nur zwei Möglichkeiten gäbe; einmal den Versuch zu machen, im geschlossenen Trupp sich zur Tschechoslowakischen Grenze durchzuschlagen und dann als geschlossener Verband auf fremdes Gebiet überzutreten, um interniert zu werden. Die zweite Möglichkeit bestand in der sofortigen Auflösung der Truppe, nach deren Vollzug jeder einzelne versuchen mußte, auf eigene Faust durch die Ketten der Reichswehr zu entkommen. Wir entschieden uns für die zweite Möglichkeit. Ich selbst begab mich mit meinen Begleitern abseits der Landstraße nach Wingall. Wir versteckten uns in einem Gehöft, wo uns ein Heuhaufen, der kaum vier bis fünf Menschen verbergen konnte, als Zuflucht diente. Nach einigen Stunden wurde das Gehöft von der Reichswehr umstellt. Es war nachmittags und dämmerte bereits. Die Soldaten entdeckten unseren Heuhaufen und begannen mit den aufgepflanzten Seitengewehren in das Heu hineinzustechen. Wir hatten die Wahl zu rufen »Hier sind wir«, oder ganz ruhig zu sein. Wir blieben ruhig, obwohl wir den sicheren Tod vor Augen hatten. Wir waren darauf vorbereitet, jeden Augenblick den Stich eines Bajonetts in das Gesicht zu bekommen. Da ertönte das Signal zum Sammeln. Die Soldaten ließen von unserem Heuhaufen ab. Einige Kameraden wollten bleiben, ich aber sagte, das tun wir nicht, die kommen wieder. Wir entfernten uns schleunigst in der Richtung zur Grenze. Wir sind die ganze Nacht gewandert, naß, hungrig, frierend. Es regnete ständig. Am nächsten Morgen sind wir weitermarschiert, ohne zu wissen, wohin. Am Nachmittag gelangten wir wieder an das Gehöft mit dem Heuhaufen und erfuhren nun, daß die Reichswehr eine Stunde später nach unserer Flucht zurückgekehrt war und den Heuhaufen vollkommen durchstöbert und auseinandergeschüttelt hatte. Wir schlugen uns nunmehr über die Grenze. Wir gelangten nach Neudeck in Böhmen. Wir bestiegen den Zug in Eger. In Pilsen fielen wir als verdächtig auf. Die Gendarmen verfolgten uns.

Auf dem Bahnhof wurden wir aus dem Zug herausgeholt. Wir waren naß und beschmutzt, man fand bei mir eine Eierhandgranate und verhaftete uns. Ich wurde zurück nach Eger transportiert. Die Tschechoslowakei erkannte mich als politischen Flüchtling an und lieferte mich nicht aus. Ich ging von der Tschechoslowakei in ein anderes Land, das ich nicht nennen will. Ich kehrte später nach Deutschland zurück, nur zu dem Zweck, um den Genossen, die eingesperrt waren, zu helfen, um ihren Angehörigen Unterstützung zu verschaffen und zu versuchen, sie selber zu befreien.

V.

Was meine Mitwirkung in der Märzaktion 1921 betrifft, so bin ich erst nach Beginn des Aufstandes zu den Genossen geeilt und habe mich dem revolutionären Aktionsausschuß zur Verfügung gestellt. Ich übernahm die militärische Leitung eines Abwehrkampfes gegen eine Niederknüppelung der revolutionären Arbeiterschaft, immer bereit, aus dem Abwehrkampf in den Angriff überzugehen. Ich erkläre, daß ich aus bester Kenntnis weiß, daß weder die Vereinigte Kommunistische Partei, noch die Kommunistische Arbeiterspartei, noch die Exekutive der Kommunistischen Internationale den bewaffneten Aufstand in Mitteldeutschland inszeniert haben. Gewiß haben alle drei Körperschaften ein Interesse daran, daß die Revolution vorwärts getrieben wird. Die Märzaktion entstand aus der Provokation Hörsings. Die revolutionäre Arbeiterschaft Mitteldeutschlands lehnte sich gefühlsmäßig dagegen auf, unter der Aufsicht bewaffneter Sklavenhalter zu arbeiten. Sie trat in den Streik, und an die Niederknüppelung dieses Streiks entzündete sich der Aufstand. Daß die Kommunistischen Parteien den einmal begonnenen Kampf nach Möglichkeit unterstützten, entsprach durchaus ihrer revolutionären Pflicht. Die Arbeiterschaft in Mitteldeutschland ist revolutionär bis auf die Knochen. Die mitteldeutsche

Arbeiterschaft wartet jeden Tag und jede Stunde auf eine Aktion. Sie denkt, diese Aktion muß von einer Partei oder Gewerkschaft eingeleitet werden. Unzweifelhaft steht fest, daß die Regierung und vor allem Hörsing bemerkt hat, daß die revolutionäre Arbeiterschaft aus der Passivität zur Aktivität überging. Und vielleicht hat Hörsing nicht ganz falsch spekuliert, daß früher oder später der Tag gekommen wäre, an dem die Parteileitungen die Massen zum bewaffneten Kampf aufgerufen hätten. Hörsing versuchte, den Kampf vorher in einem für sich günstigeren Moment zu entfachen. Deswegen schickte er seine grünen Jäger nach Mitteldeutschland. Bei meinem Eintreffen in Mitteldeutschland hatte noch kein Arbeiter eine Waffe. Ich befand mich in den Märztagen in Berlin. Ich hatte keine direkte Verbindung mit einer Partei. Ich wurde nicht geschickt, ich ging aus freiem Willen und eigenem Ermessen. Ich glaubte, es sei meine Pflicht als revolutionärer Kämpfer, hinzugehen und mich den Genossen zur Verfügung zu stellen. Als ich ankam, waren bereits Aktionsausschüsse gebildet. Nach den uns gewordenen Nachrichten mußte man glauben, daß das gesamte revolutionäre Proletariat geschlossen gegen die Provokation von Hörsing eintreten werde. Infolge der verräterischen Haltung der SPD, und insbesondere der USPD kam eine einheitliche starke Aktion des Proletariats nicht zustande. Erst als in Eisleben und Hettstedt die Sip nach dem Einrücken Verhaftungen vornahm und einzelne Genossen mißhandelt wurden, da griff die Arbeiterschaft spontan zu den Waffen. Ich übernahm die mir zugeteilte militärische Aufgabe. Ich habe den Kampf geführt mit allen Mitteln, nicht weil ich die Gewalt über alles stelle, sondern weil ich erkannt habe, daß der Klassenkampf des Proletariats nur auf dem Wege der Gewalt zum siegreichen Ziele geführt werden kann. Vor zwei Jahren glaubte ich noch, daß die kommunistische Idee, daß der Gedanke der Befreiung des Proletariats ohne Anwendung von Gewalt als wirtschaftlicher Kampf durchgeführt werden könne. Ich hätte mich damals geschämt, einem Menschen, wie ich heute einer geworden bin, die Hand zu geben. Wenn die revolutionäre Arbeiterschaft Gewalt anwendet, so geschieht dies nur in Erwiderung der Gewalt, welche die herrschende Klasse dem proletarischen Existenzkampf und Aufwärtsstreben entgegensetzt. Die herrschende Klasse ist es, die zuerst Gewalt angewendet hat. Wenn heute in einer Versammlung ein kommunistischer Redner auftritt und seine Idee verkündet, so wird er verfolgt und Gewalt gegen ihn angewendet. Aber jede Anwendung der Gewalt durch die unterdrückte Klasse wird durch die öffentliche Meinung der Bourgeoisie als Unrecht, als Verbrechen gebrandmarkt. Die herrschende Klasse gewährt uns nur auf dem Papier Versammlungs- und Redefreiheit. In der Praxis werden kommunistische Zeitungen verboten und kommunistische Versammlungen verhindert; alles mit den Mitteln der Gewalt.

Die weißen Mörder stehen unter dem Schütze Ihrer korrupten Justiz. Tausende von Arbeitern hat man in den beiden letzten Jahren widerrechtlich getötet. Aber die bürgerlichen Gerichte versagen. Die bürgerliche Gesellschaft lechzt nach dem Blut der Arbeiterführer. Ich frage Sie nun, haben revolutionäre Arbeiter schon einmal einen einzigen Führer der bürgerlichen Gesellschaft getötet? Haben revolutionäre Arbeiter einen einzigen König, Minister oder Parteiführer getötet?

Justizrat Broh: In Deutschland nicht.

(Tatsächlich bestätigt die einzige Ausnahme der Tötung des Ministers Neuring in Dresden durch die erbitterte Menge die Regel, daß das deutsche revolutionäre Proletariat den Einzelterror bisher grundsätzlich nicht angewandt hat.)

Hoelz (*fortfahrend*): Nicht einen einzigen Mord hat das revolutionäre Proletariat in Deutschland begangen. Wie viele politische Morde hat die bürgerliche Gesellschaft Deutschlands auf dem Gewissen. Wie viele intellektuelle Führer sind durch die Hand der bürgerlichen Gesellschaft gemeuchelt worden. Ich erinnere nur an Liebknecht, Rosa Luxemburg, Jogisches, Landauer, Paasche, Eisner, Sült und an das letzte Opfer Gareis. Alle die Genannten sind nicht in offenem Kampfe gefallen, sondern hinterlistig ermordet worden. Sie legen mir einen Mord an dem Rittergutsbesitzer Heß zur Last. Rein menschlich bedauere ich die Tötung des Heß, aber Heß ist nicht gemeuchelt worden, sondern ist in Verbindung mit der revolutionären Aktion, wahrscheinlich im Kampfe gefallen. Ich nehme an, daß er eine Waffe gehabt und in seiner Angst zu der Waffe gegriffen hat. Wir hatten im Vogtlande die Macht, aber nicht ein einziger Richter oder Staatsanwalt ist mißhandelt worden. Aber wo Sie die Macht hatten, wurden aus dem Hinterhalt hunderte von Proletariern gemordet. Überall kennzeichnen den Vormarsch der Reichswehr und Schupo ihre blutigen Spuren. Diese Verhandlung hat es bewiesen. In Schrapplau sind nicht drei, sondern sechs Arbeiter von der Schupo ermordet worden. Die Leichen lagen ohne Waffen mit zerschossener Brust in den Kalköfen des Ortes. Aber kein Staatsanwalt, kein Richter, hat sich gefunden, um dieses Verbrechen zu sühnen. Im Leunawerk sind 46 Arbeiter von der Schupo ermordet worden!

Vorsitzender: Das sind einseitige Behauptungen von Ihnen, die nicht Gegenstand der Verhandlung waren. Ich verbiete Ihnen derartige Äußerungen!

Hoelz : In Hettstedt sind zwei Arbeiter ermordet worden. Ein 58jähriger Arbeiter ist auf offener Straße um nichts erschossen worden. Ein 58jähriger Mensch, der sich auf der Straße nicht durchsuchen lassen wollte, wird an die Wand gestellt, erschossen und als er da lag, da tritt ein Offizier heran und tritt ihm dreimal mit dem Stiefelabsatz ins Gesicht.

Vorsitzender: Wenn Sie so fortfahren, werde ich Ihnen das Wort entziehen.

Hoelz: Das glaube ich, das wollen Sie nicht hören. Dieser Prozeß hat bewiesen, daß nicht ich der Angeklagte bin, sondern der bürgerliche Staatsanwalt. Alle Ihre Urteile sind Urteile gegen das revolutionäre Proletariat. Sie verurteilen mich nicht, sondern sich selbst. Ich bin überzeugt. daß Sie durch diesen Prozeß der

Revolution mehr genützt haben, als ich während meiner ganzen revolutionären Tätigkeit.

Wenn ich nicht gesehen hätte, mit welcher Todesverachtung die revolutionäre Arbeiterschaft gekämpft hat, dann würde ich nicht die Kraft finden, um den Anstrengungen dieser Verhandlung körperlich gewachsen zu bleiben. Wenn ich in meiner Zelle die Zuversicht nicht verliere, so beruht dies auf dem Zusammengehörigkeitsgefühl mit allen proletarischen Kämpfern. Wenn ich Ihnen auf diese Weise entgegentreten konnte, Sie nennen es Frechheit, ich revolutionäres Klassenbewußtsein, dann ist es das Bewußtsein, daß ich nicht allein stehe in dem unermeßlichen Kampfe. Es sind Millionen auf dieser Erde, die zu unserer Sache stehen und es werden ihrer Hunderte Millionen werden. Diese Gewißheit gibt mir die Kraft und die Ausdauer, das auszuhalten, was mir jetzt auferlegt wird. Ich hoffe, da? das revolutionäre Proletariat Ihnen dereinst die Rechnung vorlegen wird für alles, was Sie der Arbeiterschaft angetan haben und was Sie auch mir antun werden. Ich hoffe, daß Sie Ihr Los so auf sich nehmen und es tragen, wie ich es getragen habe und tragen werde. Sie sagen, Sie fürchten sich nicht. Ich glaube es Ihnen, ich kenne Sie zu wenig, um Ihnen den persönlichen Mut abzusprechen. Aber ich behaupte, die bürgerliche Gesellschaft, deren Vertreter Sie sind, fürchtet sich heute vor dem revolutionären Proletariat. Darum verhandeln Sie gegen mich nur unter dem Schutze der bewaffneten Macht. Die Schupo ist dazu da, um das revolutionäre Proletariat zurückzuhalten.

Ich sagte schon, auf die Anklage will ich nichts erwidern. Ich erkenne die Ausführungen des Staatsanwalts, ich erkenne das Urteil des Gerichts nicht an. Für mich handelt es sich darum, vor der Arbeiterschaft klarzustellen, aus welchen Beweggründen ich gehandelt habe. Ich vertrete meine Handlungen mit dem Mute, den jeder revolutionäre Kämpfer haben muß. Und wenn ich einen Mann aus revolutionärer Notwendigkeit erschossen oder den Befehl dazu gegeben hätte, so würde ich es sagen.

Wenn Sie das Todesurteil gegen mich heute aussprechen, Sie töten nicht viel. Sie töten das Fleisch, aber den Geist können Sie nicht töten. Sie richten mich, wie Sie sagen. Sie schlagen ein Holz ab, und es stehen tausend andere Hölzer auf. Es werden unter diesen tausend Hölzern eiserne sein, die werden nicht mit Ohrfeigen Revolution machen. Es wird eine Zeit kommen, wo das Proletariat nicht mehr sagen wird, wir können nicht kämpfen, wir haben keine Waffen. Mit den Händen, mit den Fäusten wird es seine Gegner zerreißen! Solange die herrschende Klasse es fertig bringen kann, mit zwei bis drei Maschinengewehren 25 000 Demonstranten in die Flucht zu jagen, solange wird Ihre Herrschaft dauern. Aber in dem Augenblick, wo sich das revolutionäre Proletariat auf die Gewehre stürzt und zertrümmert oder sie umdreht, dann kommt die wirkliche Revolution! Vor dieser Revolution mögen Sie und die herrschende Klasse zittern. Was 1918 in Deutschland vor sich ging, das war keine Revolution! Ich kenne nur zwei Revolutionen: die französische und die russische. Die deutsche Revolution wird alle Revolutionen an Grausamkeit übertreffen. Die Bourgeoisie zwingt das Proletariat zu Grausamkeiten. Die Bourgeoisie arbeitet mit kalter Berechnung. Das Gefühl ist auf selten des Proletariats. Sie betrachten das Proletariat in der Politik als Stümper. Die Grausamkeiten, die Sie gegen das Proletariat anwenden, kann das Proletariat heute noch nicht erwidern, dazu hat es noch zuviel Gefühl, aber wie ich bereits sagte, es wird der Tag kommen, an dem das Proletariat zum Tier wird. Dann wird nur der kalte Verstand entscheiden. Das Proletariat wird sagen: es geht nicht mehr, daß wir das Herz sprechen lassen, die Faust muß den Ausschlag geben!

Wenn Sie heute über mich Ihr Urteil fällen, so betrachte ich es als ein Schulexamen. Wenn Sie mich freisprechen, was ich mir natürlich nicht einbilde und was Sie auch nicht können, dann würde es morgen in Berlin vier Tote geben: drei Richter und einen Angeklagten. Sie müßten sich aufhängen, weil Sie sich vor Ihren eigenen Klassengenossen nicht mehr sehen lassen dürften, und ich müßte mich hängen, weil ich mich vor dem revolutionären Proletariat schämen müßte. Ihr Urteil, wie es auch ausfallen wird. wird ein Klassenurteil sein. Sie können mich zu 10, 15 Jahren oder zu lebenslänglichem Zuchthaus, ja, zum Tode verurteilen. Zehn Jahre Zuchthaus bedeuten für mich eine 4, mangelhaft, 15 Jahre Zuchthaus eine gute Note, lebenslänglich Zuchthaus Zensur 1, wenn Sie mich aber zum Tode verurteilen, dann erhalte ich Zensur 1a, das ist das beste Zeugnis, das Sie mir ausstellen können. Dann beweisen Sie den revolutionären Klassen der Welt, daß ein wirklicher Revolutionär gelebt und sein Klassenbewußtsein mit dem Tod besiegelt hat. Ich bin ein Kämpfer, ich bin ein Mann der Tat: »Das Wort kann uns nicht retten. Das Wort bricht keine Ketten. Die Tat allein macht frei«.

Meine Verteidiger legen Wert darauf, festzustellen, daß ich ein Idealist und ein begeisterter Kämpfer bin. Wie Sie sich dazu stellen, ist mir gleich. Ich kann von Ihnen keine bürgerlichen Ehren verlangen. Sie können mir auch keine bürgerliche Ehre absprechen. Die bürgerliche Ehre, um die Sie sich streiten, habe ich nie besessen. Bürgerliche Ehre heißt für mich die Kunst, von der Arbeit anderer zu leben. Sie bedeutet Monokel im Auge, voller Bauch und hohler Kopf. Für mich gibt es nur eine proletarische Ehre, und die wollen Sie mir und können Sie mir nicht absprechen. Proletarische Ehre heißt Solidarität aller Ausgebeuteten, heißt Nächstenliebe, heißt, durch die Tat beweisen, daß man seinen Nächsten liebt wie seinen Bruder. Die Welt ist unser Vaterland und alle Menschen Brüder.

Ich habe Ihnen schwere Worte entgegengeschleudert. Ich rede im Prinzip nicht für Sie. Sie werden weiter das sein, was Sie sind: bürgerliche Klassenrichter. Ich kann von Ihnen nicht verlangen, daß meine Worte irgendwelchen Eindruck auf Sie machen. Ich weiß, daß die bürgerliche Gesellschaft und Sie, als ihre Vertreter, nicht durch Worte, Propaganda, auch nicht durch

Bücher zu uns kommen werden. Sie müssen vor die eiserne Tatsache gestellt werden, erst dann werden Sie sich beugen. Sie sagen, Sie fürchten sich nicht. Nun gut, beweisen Sie es doch, daß Sie sich nicht fürchten, beweisen Sie es dadurch, daß Sie den Mut haben, gegen Ihre eigenen Klassenbrüder und Genossen solche Urteile zu sprechen, wie Sie sie dauernd gegen revolutionäre Arbeiter verhängen. Sie aber sprechen nur harte Urteile gegen das revolutionäre Proletariat.

Der Staatsanwalt hat zu mir in der Voruntersuchung gesagt, wenn alle Arbeiter von Ihrer Idee durchdrungen sind, dann muß es doch ein Leichtes sein, daß Sie auf Grund des allgemeinen Wahlrechts die Macht bekommen. Ich habe ihm erwidert und sage auch zu Ihnen: Sie ziehen nicht die Konsequenz aus den tatsächlichen Machtverhältnissen. Wenn das deutsche Volk in seiner Ideologie, »Jedermann sei Untertan der Obrigkeit, die Gewalt über ihn hat«, durch Schule, Kirche, Staat und Presse erhalten wird, und gleichzeitig von demselben Faktor in dem Wahn bestärkt wird, es muß Reiche und Arme geben, der liebe Gott will das so, dafür kommen die Armen in den Himmel.

Vorsitzender: Das alles gehört nicht zur Sache. Sie müssen sich auf die Anklage verteidigen. Wir haben nicht die Pflicht, revolutionäre Reden mitanzuhören. Wenn Sie so fortfahren, werde ich Ihnen das Wort entziehen.

Hoelz: Das deutsche Volk muß erst aufgerüttelt werden. Aber gerade Ihre Urteile werden bewirken, daß das Proletariat schneller herauskommt aus der Ideologie, die Sie ihm mit Hilfe von Schule, Kirche und Presse aufoktroyiert haben. Das deutsche Proletariat muß aus diesem Schlaf leben aufgerüttelt werden ...

Vorsitzender: Ich entziehe Ihnen das Wort. (*Der Vorsitzende steht auf und geht mit den Beisitzern in das Beratungszimmer.*)

Hoelz (*durch die noch offene Tür in das Beratungszimmer den Richtern nachschreiend*): Ihr könnt das Wort verbieten, Ihr tötet nicht den Geist.

Vorsitzender (*noch einmal in den Saal zurückkommend*): Der Angeklagte ist einstweilen abzuführen.

Hoelz (*laut rufend*): Es lebe die Weltrevolution!

Hoelz wird durch die Wache abgeführt. Seine Verteidiger eilen der Eskorte nach.